COMMENT DESSINER 100 TRUCS SUPER TROP CUTE

© 2024, Cosy Hygge

Édition : BoD • Books on Demand GmbH, In de Tarpen 42, 22848 Norderstedt (Allemagne)

Impression : Libri Plureos GmbH, Friedensallee 273, 22763 Hamburg (Allemagne)

ISBN : 978-2-3224-7784-5
Dépôt légal : Septembre 2024

ABEILLE

START

PRACTICE

FRITES

START

PRACTICE

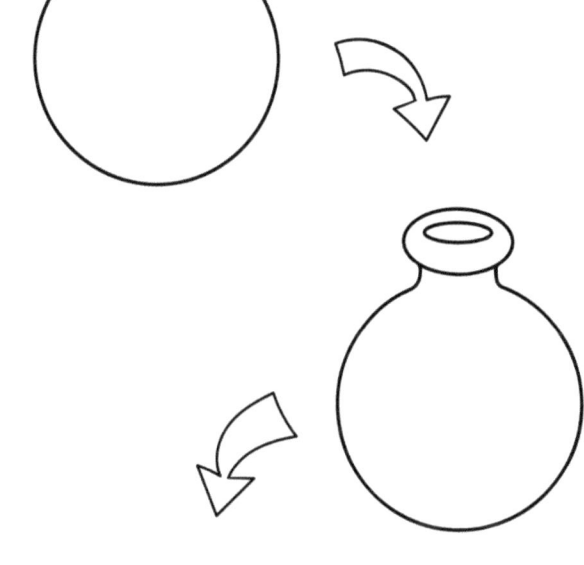

BURGER

START

PRACTICE

HIBOU

GUITARE

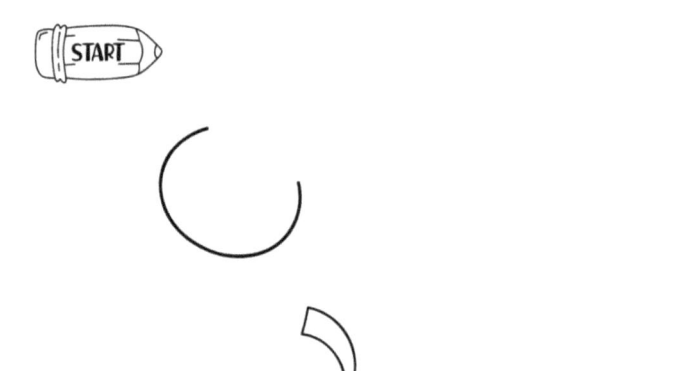

DANGO

START

PRACTICE

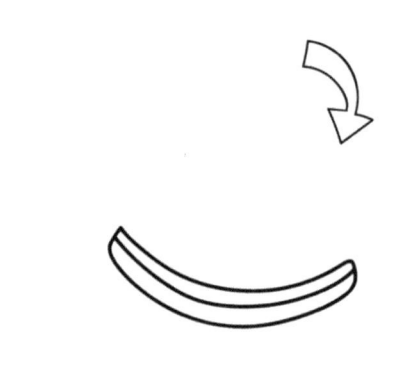

BATEAU

TERRE

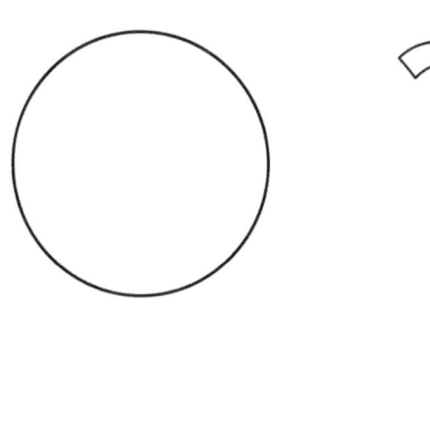

PRACTICE

MARQUEUR

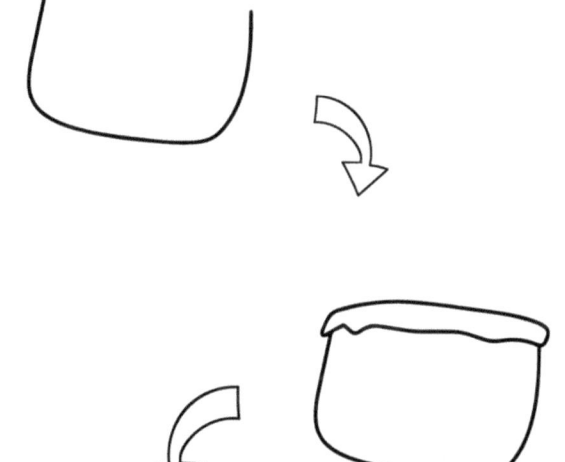

SHAMPOING

PRACTICE

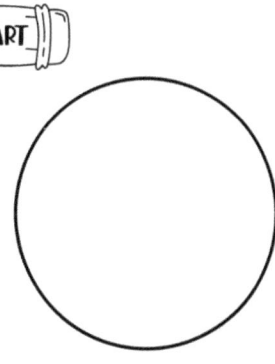
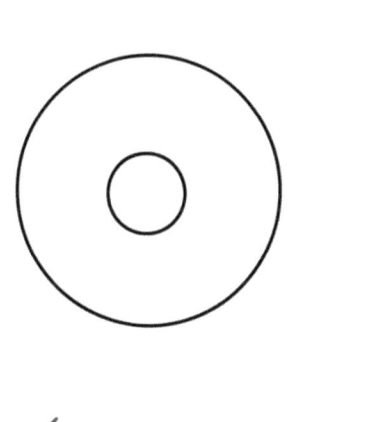

POPCORN

START

PRACTICE

ALOE VERA

AVOCAT

PRACTICE

AXOLOT

PRACTICE

BANANE

PRACTICE

CUPCAKE

START

PRACTICE

MANCHOT

AGRAFEUSE

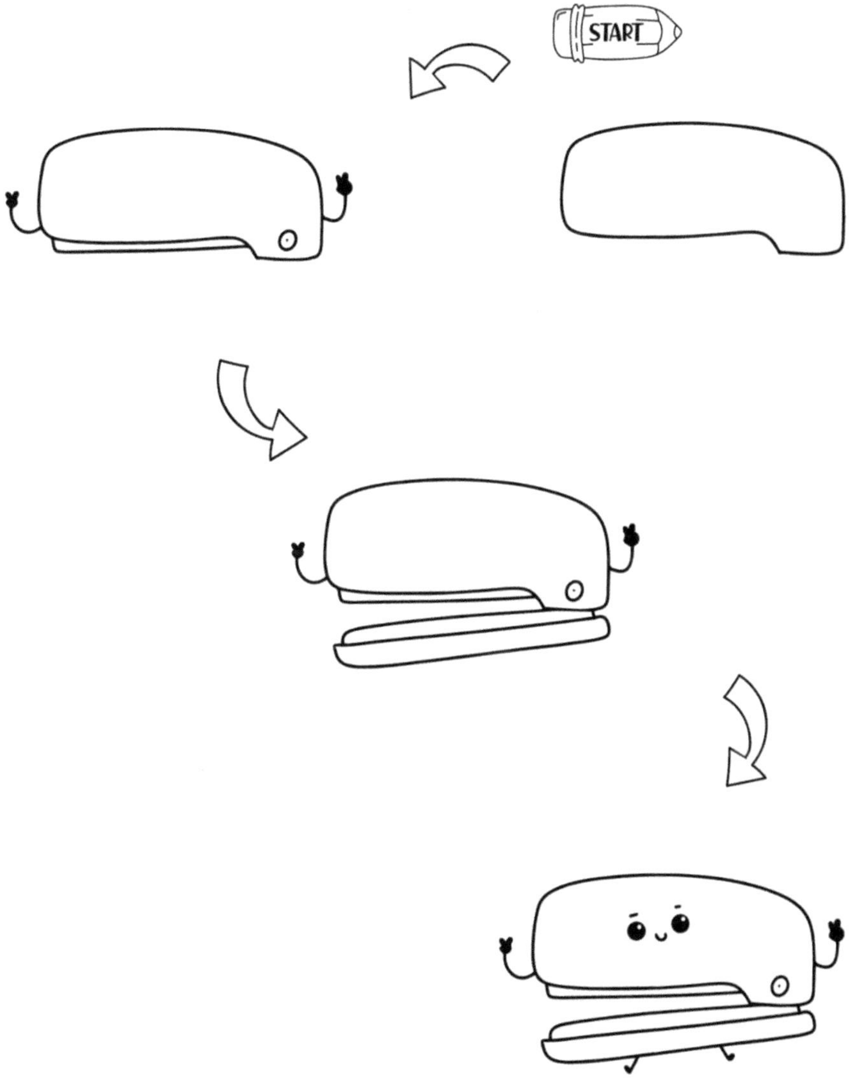

PRACTICE

CISEAU

PRACTICE

LAMA

BAIGNOIRE

PRACTICE

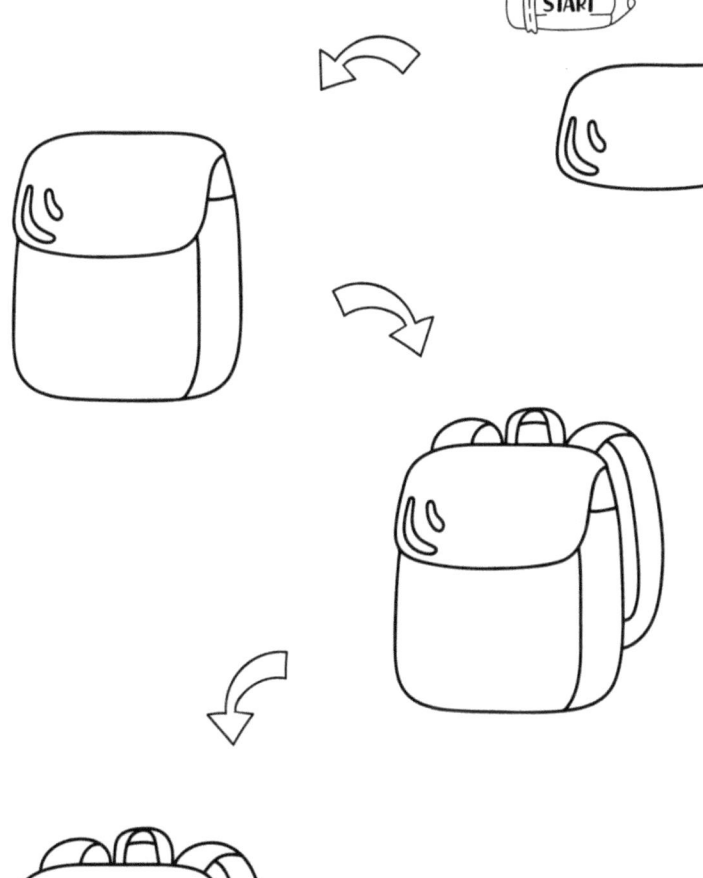

HIPPOCAMPE

START

PRACTICE

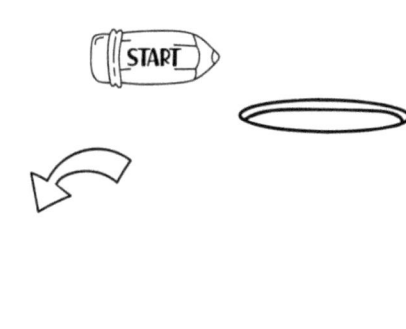

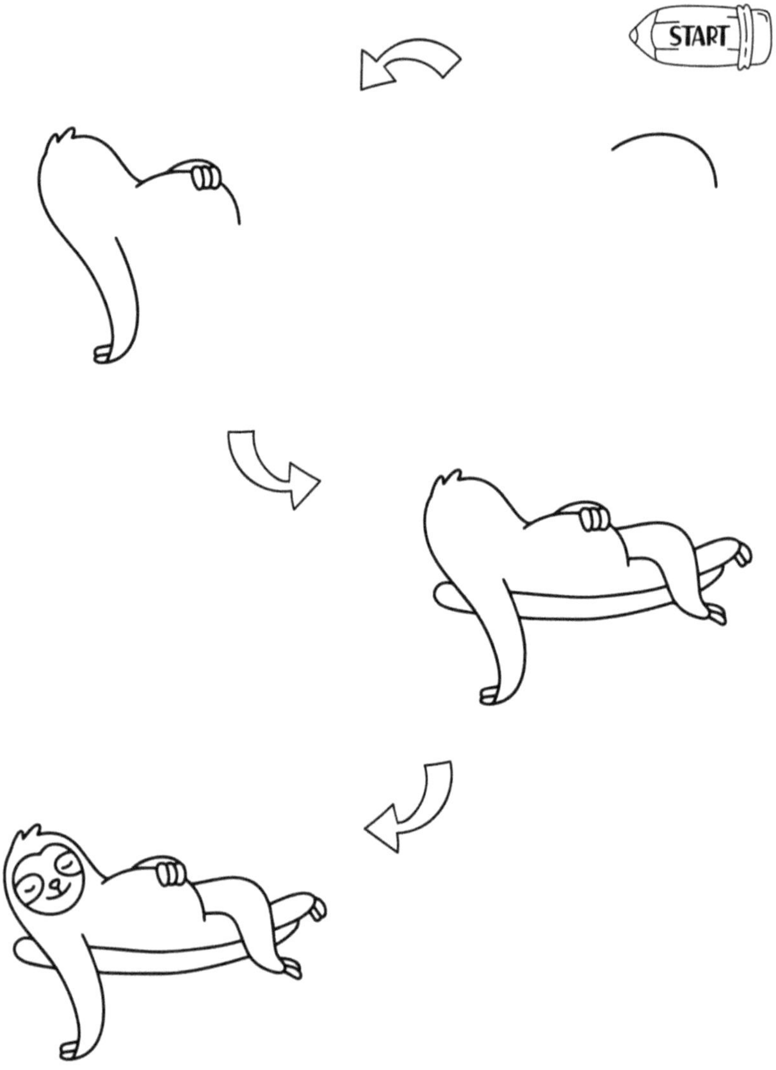

BOUGIE

PRACTICE

CHAMPIGNON

NAGEOIRE

SANDWICH

♡ PRACTICE ♡

MUG

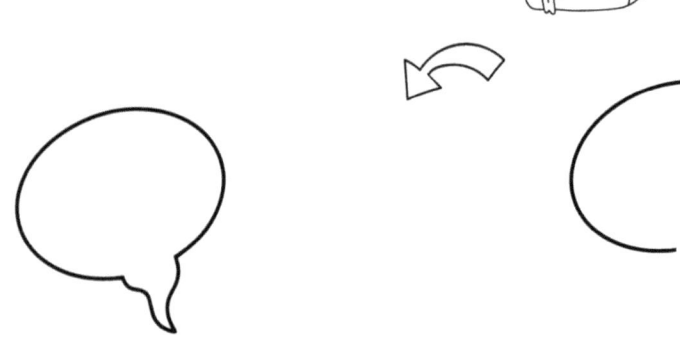

CUPCAKE

OEUF

START

PRACTICE

PORTE FEUILLE

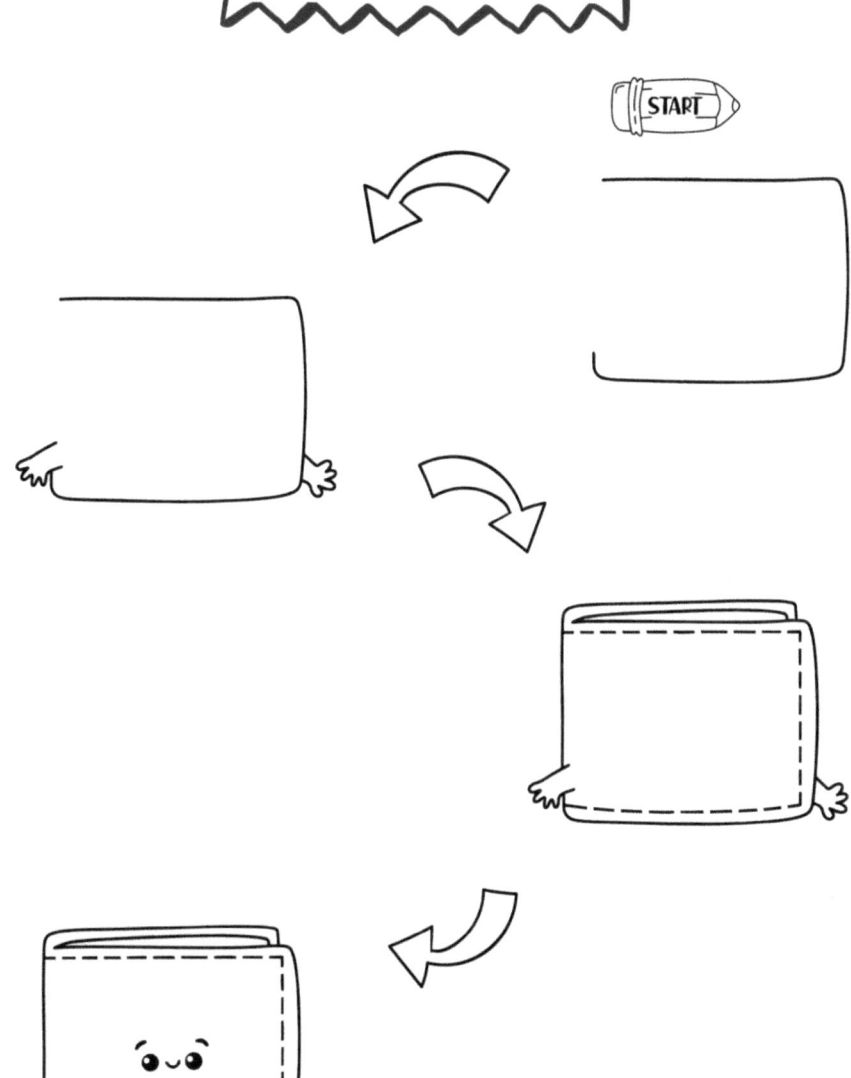

PRACTICE

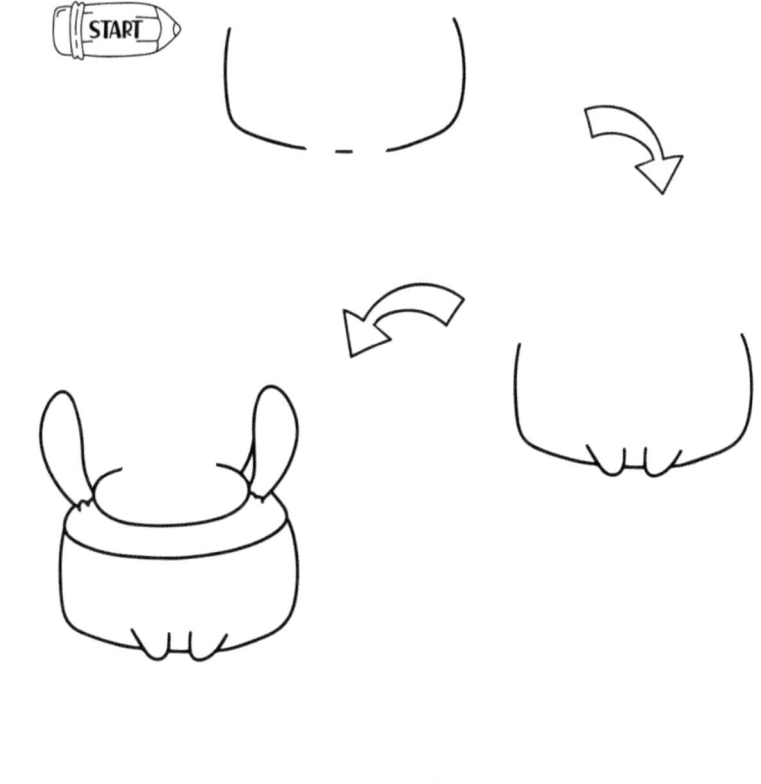

PIZZA

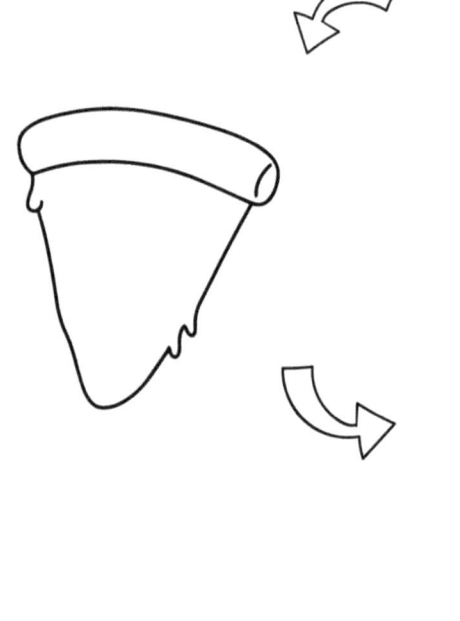

Practice

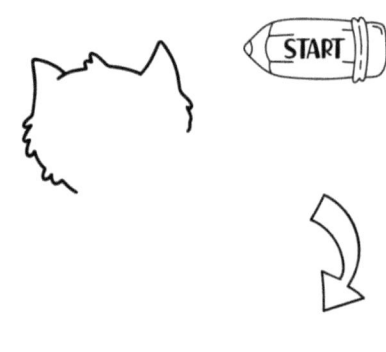

PRACTICE

PECHE

PRACTICE

ROCHER

TORTUE

PAPIER WC

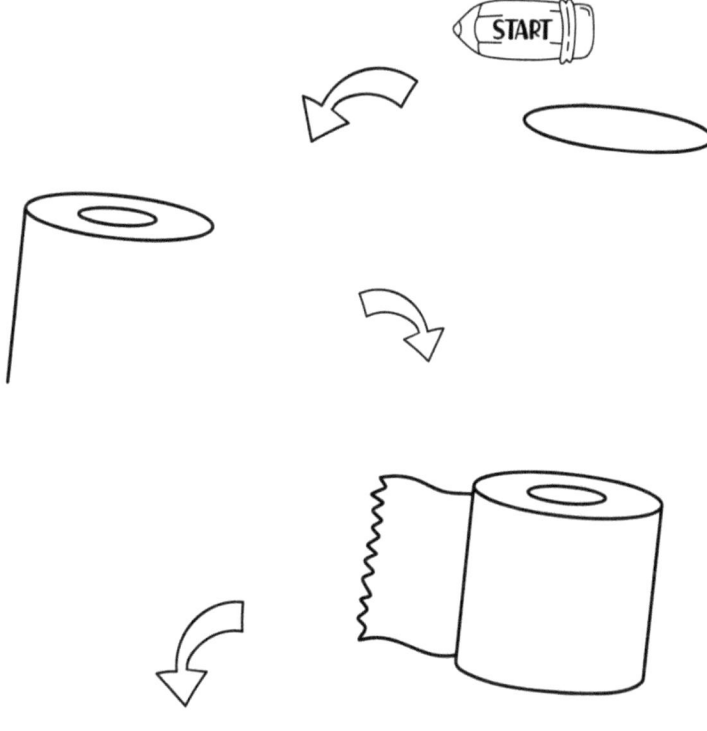

PRACTICE

FLEUR

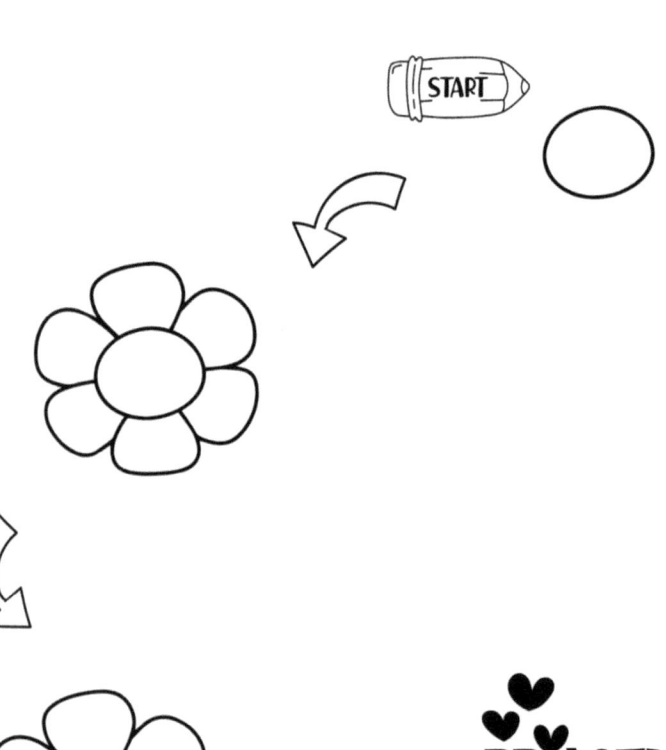

PRACTICE

CALMAR

PRACTICE

JUS

START

PRACTICE

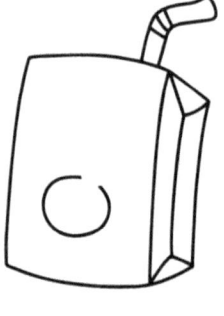

OISEAU

ESCARGOT

SUSHI

START

PRACTICE

CERISE

PRACTICE

PARAPLUIE

PRACTICE

START

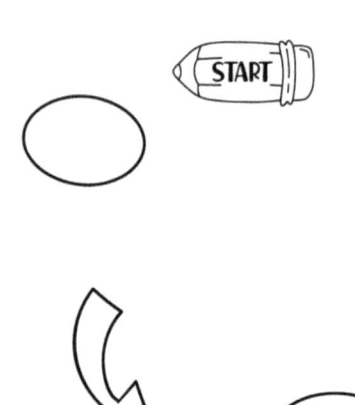

PRACTICE

DINOSAURE

PRACTICE

PINCE

TOURNEVIS

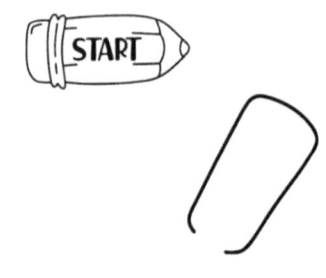

PRACTICE

MARTEAU

START

PRACTICE

HORLOGE

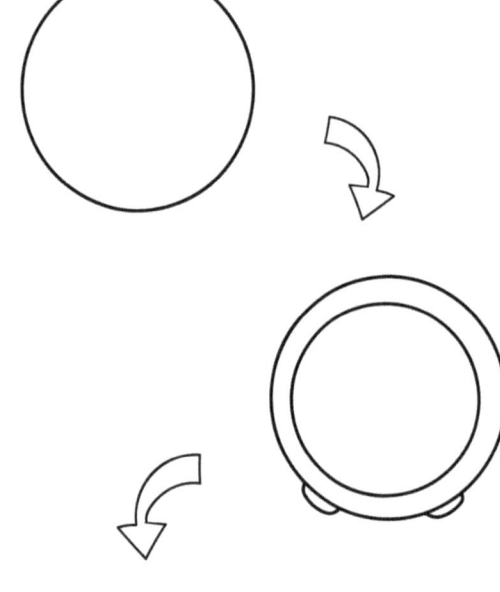

SAVON

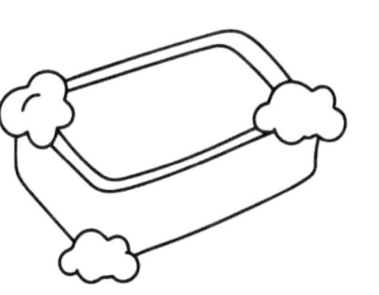

PRACTICE

PERCEUSE

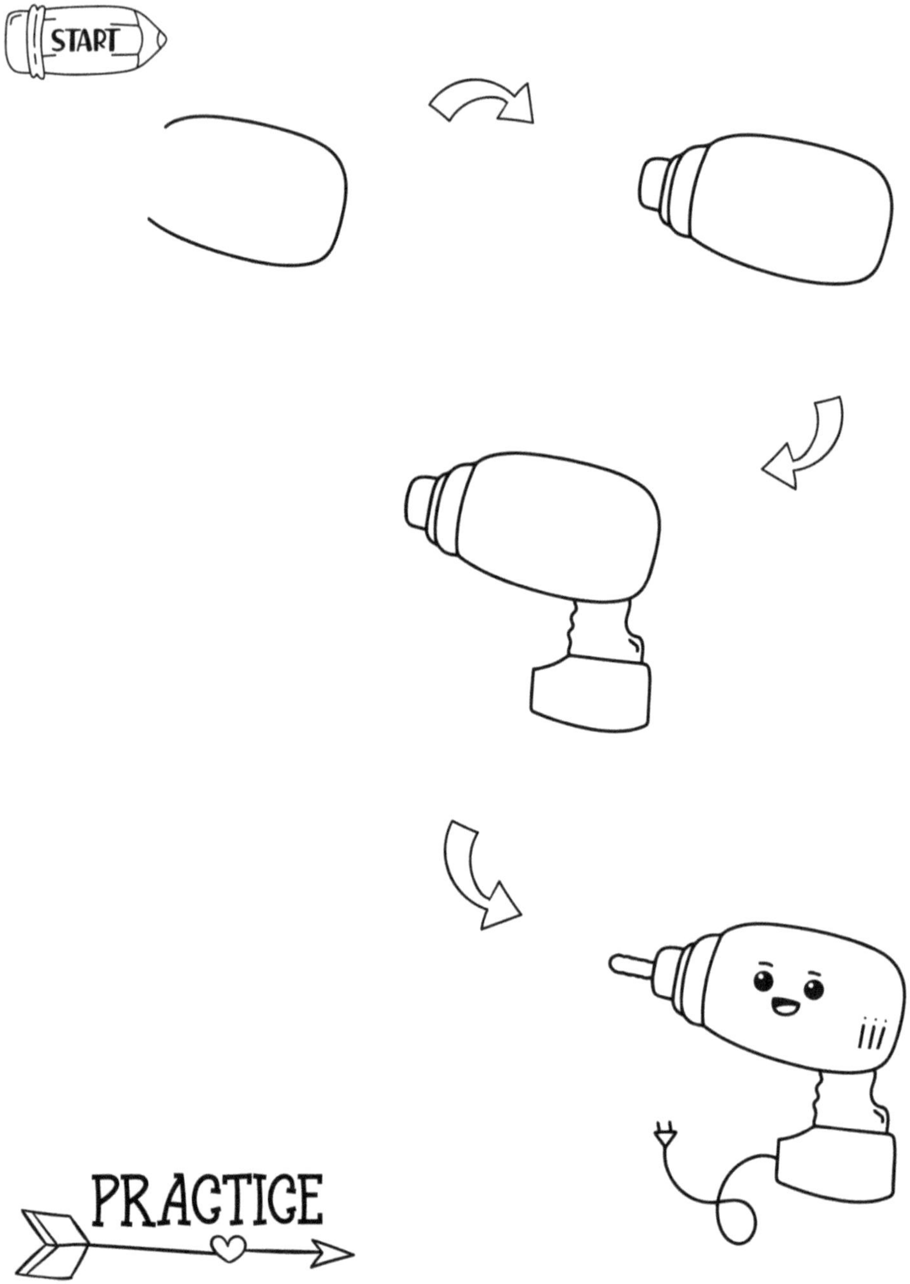

START

PRACTICE

POUSSIN

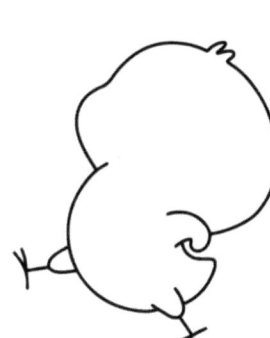

LAPIN

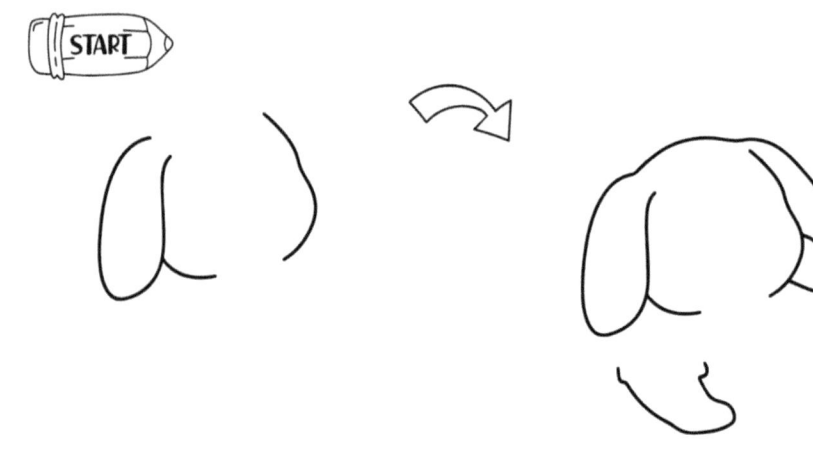

MOUTON

BULLE

START

PRACTICE

DEMAQUILLANT

 PRACTICE

ROUGE

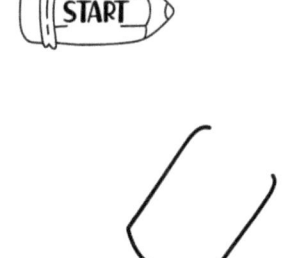
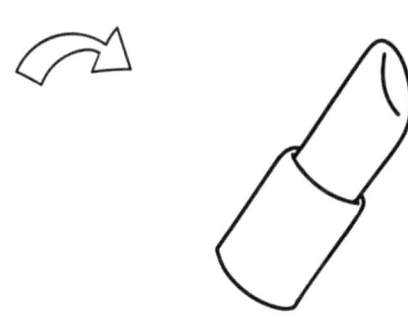

PRACTICE

TISANE

START

PRACTICE

CACTUS

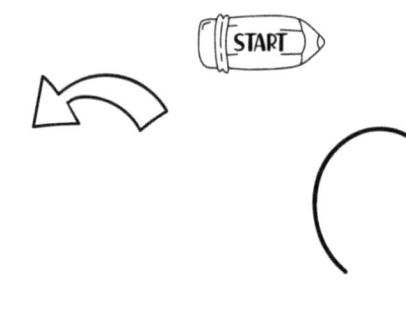

PRACTICE

VAISSEAU

PRACTICE

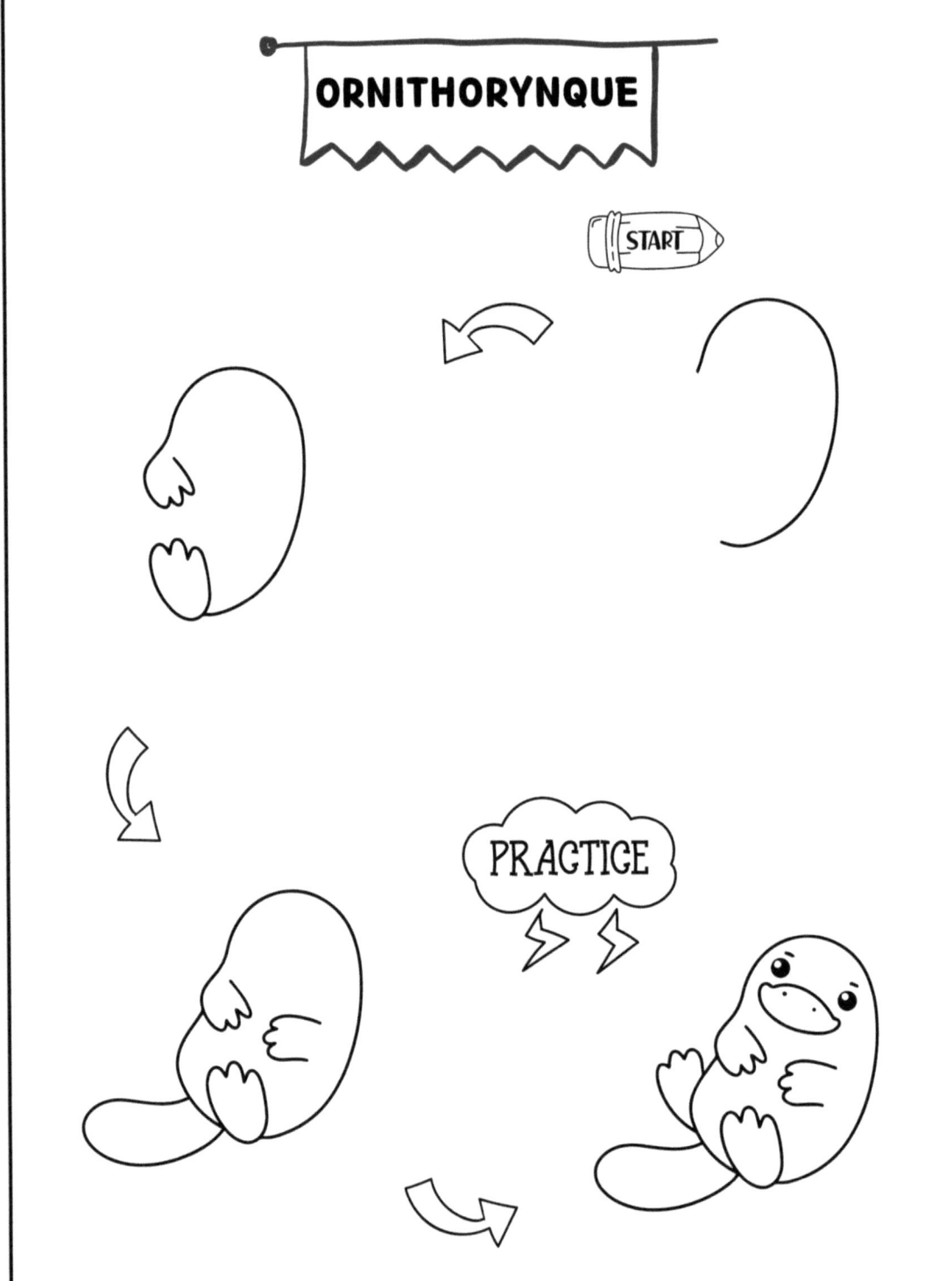

GOMME

KOALA

START

PRACTICE

SUCETTE

START

PRACTICE

ARC EN CIEL

PRACTICE

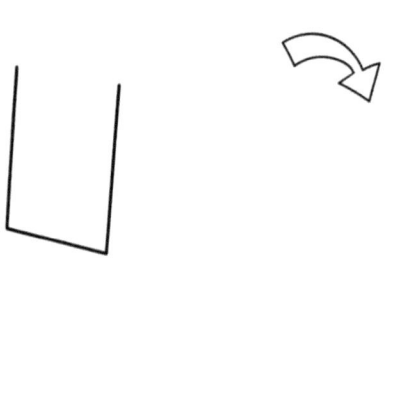

LES TRUCS CUTE DU LIVRE

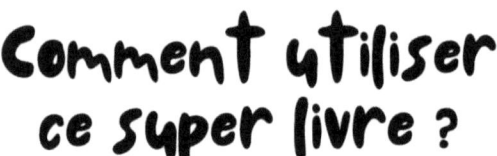

Comment utiliser ce super livre ?

- Prépare une gomme à crayon, tu peux utiliser des marqueurs ou tout autre outil que tu souhaites.

- Commence par dessiner légèrement afin de pouvoir effacer facilement les erreurs.

- Continue en suivant les étapes fléchées.

- Si tu es bloqué dans ton dessin, tu peux toujours regarder le dessin final.

- Une fois le dessin terminé, tu peux le colorier comme tu le souhaites.

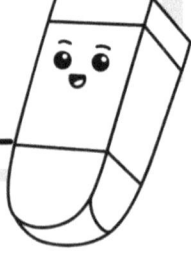

LET'S GO !